MW00365757

POR SI MUERO MAÑANA

ALBOR RUIZ

POR SI
MUERO
MAÑANA

A mis padres
A todo lo que he amado

Todo libro es lo que su escritor es
Rosa Montero

ÍNDICE

EXISTIR

PRÓLOGO

Albor Ruiz es cubano. Más cubano no se puede. A pesar de haber vivido más de 50 años fuera de la isla, conserva intactos el sentido del humor, el acento redondo y sabroso y la calidez humana que le rodeó en su Cárdenas natal y en la playa de Varadero donde creció. También, a sus 77 años, lleva en la sangre la pasión y la sensualidad que definen a la gente del Caribe.

Los poemas recopilados aquí los escribió a lo largo de unas cuatro décadas, aunque en dos fases muy diferenciadas: a finales de los 70 o en los últimos cinco años, y siempre fuera de su tierra. En ellos, Albor retrata vívidamente amores pasados y amistades perdidas, reflexiona sobre la lucha por los ideales y las patrias - la original y las prestadas -, y aborda con serenidad y arrojo temas como la vejez, la soledad y el acecho de la muerte.

Los miles de lectores neoyorquinos que por décadas han leído sus columnas, mayormente en inglés en el diario New York Daily News, conocen a Albor como un periodista comprometido que carga incansablemente contra la injusticia y los poderosos y da voz a los que no la tienen. Sin embargo, incluso a quienes hemos tenido la suerte de conocerlo personalmente por muchos años, este poemario nos sorprende al revelarnos otras facetas de su autor.

Conocíamos al amigo furiosamente leal, que solamente tiene una pregunta cuando le pides un favor -"Y eso, ¿para cuándo lo quieres?"-, al compañero bromista de risa traviesa y contagiosa que le saca punta a todo, y, claro, al hombre comprometido, apasionado y firme al defender sus principios. Cuando Albor se enfada, es igual de expresivo que cuando se ríe: frunce el ceño, tuerce el gesto, hace una mueca que empieza en los labios y termina en los codos, y ya sabes lo que va a decir:

- Oye, chico, pero mira que hay que ser comemierda...

Sus poemas, por otra parte, dejan ver un lado más sentimental y vulnerable. Los de amor, en los que predominan los sonetos, son apasionados, eróticos, y en pocos versos capturan intensamente escenas y sensaciones de romances añorados, como en "Hoy siento mi pecho desbordarse", "El cuento" y "Te vi venir":

Te vi venir bajo el sol del mediodía
Resplandor y sombra sobre la vieja calle
Caminabas y el cielo se encendía
Te esperaba yo, pendiente de tu talle

En otros, contrasta la vitalidad del amor con los vaivenes de su compleja y apasionante biografía, muy ligada a las turbulencias históricas que le tocó vivir. Albor salió de Cuba en 1961 escapando del régimen revolucionario al que se enfrentó luego de que su padre cayera preso.

Tras unos años de trabajar activamente contra la Revolución desde Miami, y decepcionado por las motivaciones de los exiliados y las metas que se planteaban, dio un giro ideológico y se sumó al movimiento por el diálogo y la apertura hacia Cuba, lo que, a su vez, le creó no pocos enemigos.

Poemas como "Lo azul no era la niebla" describen emotivamente la tumultuosa partida de su país:

Lo azul no era la niebla sino tus ojos
Aquella madrugada de largas despedidas
El mar, un barco y mil despojos
Quedaban en la arena nuestras vidas

Íntimamente, en "Dos voces", de 1974, el joven Albor se enfrenta a sí mismo para examinar las terribles paradojas y el sacrificio personal que conlleva la militancia política:

Son dos voces las que claman
sus razones en mí, dentro (..)
Una grita con lógicas razones arguyendo,
la otra le rebate con lo mismo de siempre: sentimiento.

Esta trayectoria llena de riesgos e incertidumbres se refleja en la elegía "Nadie te escribirá una canción", inspirada en su amigo y compañero de luchas Juanín Pereira Varela, quien murió en una playa abatido por el ejército revolucionario poco después de que Albor abandonara la isla. Décadas mas tarde, Albor recuerda a su compañero como una persona honesta que murió luchando por una causa que creyó justa.

Es que la pureza no basta,
la fe no basta, los cojones no bastan,
tu muerte no llena los requisitos,
aunque de tus veintiún años
quedaran solo huesos en una playa,
porque las aguas no cambiaron de color.

En sus poemas más recientes, escritos en su acogedor apartamento en Woodside, Queens, con la movilidad y la visión seriamente disminuidas, Albor contrapone el deterioro gradual del cuerpo con la certeza de que la mente y el espíritu tienen aún mucho que decir. Estremece leer poemas como "Ciego, y no de ira" o "Las manos del olvido", en que su retrato claro y conciso de los padecimientos de la vejez hace que los sintamos como propios.

Ciego, medio ciego,
Cegato por error
Ciego, no lo niego:
Me aturde el temor

Otras veces, su mirada es afilada y socarrona, aunque siempre teñida de ternura:

No es fácil envejecer
sin vocación de anciano
Por mí, se morirían de hambre
las palomas en los parques

Y otras veces Albor mira directamente a la muerte con ojos inquisitivos, pero de frente y sin pestañear. Cuando en "Décima para una cubanita" (1981) escribe en un verso: "la muerte siempre al acecho", lo hace sumido en el dolor por la trágica pérdida de su amiga Onecy Villarreal Lemus, quien integró la Brigada Antonio Maceo, un grupo de jóvenes a los que sus padres sacaron de Cuba cuando niños y que quisieron regresar a la isla años después para reencontrarse con sus raíces. Aquejada por una depresión crónica, Onecy se suicidó en Miami en octubre de 1981 a los 22 años.

Al referirse al acecho de su propio final, sin embargo, Albor adopta un tono de intimidad, como hablando con una antigua conocida, no precisamente bienvenida pero cuya presencia ya no asusta. En "La visita", escribe:

La muerte me visitó en la noche.

Su roce tibio como una caricia
y urgente como una advertencia
gentilmente me despertó a las tres

Aun así, la declaración definitiva que expresa Albor en este poemario es su anhelo de volver a su Cuba natal. El paisaje de la isla aparece y reaparece como un recuerdo sensorial en forma de océano, azúcar, ceibas, palmas y mariposas ("Décima para una cubanita") en contraste tácito con una Nueva York fría y gris que provoca melancolía y soledad ("No somos ellos").

En "Testigos" y, particularmente, en "Por si muero mañana", Albor manifiesta su deseo claramente, para que no quede duda:

Volver al suelo, tierra cubana
Extranjero soy y ella me llama
Sepan todos que Cuba me reclama
Por si muero mañana

Albor es cubano, y eso implica una combinación imposible pero muy real de añoranza y alegría que él encarna sin esfuerzo y sin descanso. Sobre todo a él, la tan mentada cita de Bertolt Brecht le aplica a la perfección: "Hay hombres que luchan toda la vida. Esos son los imprescindibles."

Karina Casiano y Carlos Rodríguez Martorell
Nueva York, 2018

CAVILACIONES

EXISTIR

Ni cerca ni lejos,
Aquí
Sin distancia ni tiempo
Aquí
Sin gozo ni dolor
Aquí
Eterno, inescapable
Aquí...

2014

TIEMPOS MODERNOS

Entre oleadas de cuentos y rumores
se suceden las horas y los días,
tan sórdidos y oscuros como espías,
falsos, necios, perversos, destructores.

Desconcierto y odio exhiben sus colores,
amenazan razones e hidalguías,
y nuestro pan son ya todos los días:
la verdad agoniza entre estertores.

Quisieran extirparnos la conciencia,
cobardes chillan, se revuelcan, gimen,
altaneros, se piensan en la gloria,

son malvados y azuzan la violencia,
se abrazan sin pudor a cualquier crimen.
Los aguarda el negro hoyo de la historia.

2018

DOS VOCES

Son dos voces las que claman
sus razones en mí, dentro
Se disputan mis caminos
feroz, ferozmente discutiendo
Una grita con lógicas razones
arguyendo,
la otra le rebate
con lo mismo de siempre:
sentimiento

1974

PREGUNTAS URGENTES

¿En qué hondo rincón habita el optimismo?
¿En el pecho quizás o en la mirada?
¿En el salto que vence la muralla
y en la frente tal vez iluminada?

¿En el filo tenaz del patriotismo
y en los húmedos labios de la amada?
¿En la voz que denuncia y no desmaya
y en el trino de un ave en la enramada?

¿En el llanto sereno de una anciana
y en el niño que ríe sin temor?
¿En los pasos que huyen del abismo

y en el viento que silba en la ventana?
¿O en la impronta indeleble del amor?
¿En qué hondo rincón habita el optimismo?

2017

NO ES FÁCIL

No es fácil envejecer
sin vocación de   anciano.
Por mí, se morirían de hambre
las palomas en los parques
y las viejas iguanas
de entreabiertas bocas
ya no tomarían el sol
en sus bancos, sudorosas
como avanzadas de la muerte

2017

PUESTA DE SOL

No sé si hay vida después de la muerte,
aunque sería bonito levantarse y andar
Solo sé que cuando se pone el Sol
hay muerte después de la vida

2017

FANTASMAS

Arrasadas sus huellas
por las olas del tiempo,
cual aprendiz de fantasma
levita invisible el viejo
en ruta hacia la muerte

2018

LAS MANOS DEL OLVIDO

Las manos del olvido ya no hablan
Como viejas ceibas han callado
No recuerdan secretos ni estertores
Son inertes reliquias del pasado

Fueron diestras una vez en los amores
Quizás siglos atrás o hace un instante
Su canto es el silencio de esas flores
Sin frescura, sin color y sin fragancia

Las manos del olvido ya no hablan
Su voz no susurra en la distancia
Sus dedos como ramas no acarician
Cual ceibas silenciosas solo callan

2017

PARADOJAS

Si la noche estalla de repente
desbordante de sueños contenidos
(indisoluble unidad de los misterios,
verdad de tiempos sabios y ya idos),
si las horas se detienen y podemos
descartar relojes desmedidos
¿por qué tomar rutas al pasado,
oscuros callejones corrompidos?

Si somos portadores de poesía,
valerosas canciones de vanguardia,
de música nuestra y silenciosa
compuesta en estos años compartidos
¿por qué despojarnos de los versos,
de las notas del himno de la vida?

Si desde siempre fuimos todo:
humanidad, amor, el universo,
si juntos hicimos las jornadas
a remotos rincones presentidos,
si encontrarnos fue un designio
de quién sabe qué fuerzas escondidas
¿por qué la culpa y la tristeza y el reproche?
¿por qué el dolor, la explicación, la huida?

1981

EL MIEDO

¿Qué sentirás ahora en tu refugio?
¿Qué conmoción te agitará la frente?
¿Qué llanto hondo te morderá silente?
¿Qué disfraz usarás, qué subterfugio?

¿Qué, quién te sacará de tu refugio?
¿Qué llama nueva te arderá en la mente?
¿Qué viejo fuego te quemará en presente?
¿Qué golpe destruirá tu subterfugio?

Desde hace años llaman a tu puerta
Visitantes temidos y aguardados
Que desgarran poco a poco tu letargo

Te hablan de tu vida casi muerta
Regresando uno a uno derrotados
Por tu miedo a ti mismo, sin embargo.

1974

NAUFRAGIO

Náufrago en el mar de la memoria
Como una ola me aferro a tu figura
Brújula audaz, compás de mi locura
Hoy sombra y rumor de aquella gloria

A la deriva invoco nuestra historia
Oh, estrella polar de la ternura
Marca el rumbo que aleje la amargura
Y me acerque al puerto de la euforia

¿Navego en un océano de auroras?
¿O me hundo en el agua más sombría?
Una ambigua nostalgia me provocas

Y entre olas me pregunto si me añoras
Si tu imagen es mi tabla y es mi guía
O es mar picado que bate entre las rocas

2017

NUNCA EL SILENCIO

Nunca el silencio que ignora
ni la mentira que oculta
Siempre la palabra franca,
la que escinde y revela

2017

AUSENCIAS

NADIE TE ESCRIBIRÁ UNA CANCIÓN

Para Juanín

Te perdiste por los vericuetos de la historia
¿y sabes? nadie te escribirá una canción.
Hay canciones para otros, para muchos,
hablan de fe, valor, sacrificio.
Pero tú, que moriste casi de sinceridad
por algo en lo que creías como nadie,
te perdiste por los vericuetos de la historia
y nadie te escribirá una canción.
Es que la pureza no basta,
la fe no basta, los cojones no bastan,
tu muerte no llena los requisitos
aunque de tus veintiún años
quedaran solo huesos en una playa,
porque las aguas no cambiaron de color.
Y ya fuiste para siempre horizonte
y fuiste mar y caracol y arena
de esa isla tuya que te quemaba el pecho.
Pero las aguas no cambiaron de color
y nadie te escribirá una canción.
Por eso, cuando ella entre lágrimas me dijo:
"a Juanín nadie le escribirá una canción",
hubiera querido que fuera esta tu canción,
aunque ella tenga que perdonarme
que yo no sepa escribir canciones.
"Pero la intención es lo que cuenta".
Mentira, mentira, los dos lo sabemos:
tú, con tu carga de buenas intenciones
te extraviaste en el laberinto de la historia
y nadie te escribirá una canción.

2018

DÉCIMA PARA UNA CUBANITA

A Onecy

Lirio, mar, azúcar, cañas,
ceibas, palmas, mariposas,
piñas, son y tantas cosas:
iba Cuba en sus entrañas.
Hay tristeza, telarañas
en la casa de mi pecho,
hay un hueco y el despecho
de tener que preguntar:
¿la muerte volvió a pasar?
¡la muerte siempre al acecho!

1981

NELSON

Mi primo Nelson se desvaneció una tarde,
su sonrisa, leve como un   celaje,
se disipó en el viento de abril.
No quedaron rastros ni pistas ni huellas,
solo el misterio de un Viernes Santo ya remoto
y el vaivén de un dolor negro como el silencio.

2018

MIRIAM

¿Cómo hablar de ella?
¿Qué palabras sirven
para describir una
mariposa deshojada
por un viento perverso?
¿Por qué una ventolera atroz
marchitó su mente fresca
cual lluvia en la tarde?
"Es otra", me dicen los amigos.
Pero no lo creo.
Porque sus ojos,
verdes y sonámbulos
como un romance de Lorca,
aún alumbran mi noche.

2018

¿RECUERDAS?

Sí, fue allí, al otro lado del dolor,
de regreso de toda la tristeza,
que mis ojos contemplaron tu color
y comprendí de nuevo la certeza

En tus muslos recliné mi cabeza,
sobre tu pecho se esfumó el rencor,
hincado en tu templo aspiré la pureza
y absorto probé tu agridulce sabor

Absorto probé tu agridulce sabor,
y mi boca creyó: es verdad la belleza
que ata y consigue con solo un rumor
hacer rica el alma que está en la pobreza

¿Amor? no sé, mas sé que tu belleza,
tan terca en su paz que infunde temor,
premia o castiga con calma fiereza
ahora y aquí, a este lado del dolor.

2018

SOLO QUEDAN

El fuego callado de tu forma
Y el roce presentido de tu sombra,
El íntimo anhelo que te   nombra
Y el viejo palpitar que no conforma

El hueco perfumado que aún me asombra
Y el húmedo contacto de tus besos,
El calor estremecido de mis huesos
Y la huella de amor sobre la alfombra

El tiempo agridulce que no ceja
Y la rabia contenida de no verte
Tu rostro esculpido en la memoria

Y el pálido dolor que nos aqueja
El temor al olvido y a la muerte
Que nos roban sin piedad siglos de historia

2015

RECUERDO TUS BESOS

Recuerdo tus besos, pero a ti te olvidé.
A veces quisiera conjurar tu presencia,
si era negro tu pelo, si era blanca tu piel,
si tus ojos tenían el color de la ausencia,
si siempre a la cama te llevaba el café.

Si en el amor vertías toda tu inocencia,
si esperabas inquieta, ansiosa tal vez,
si de tu talle emanaba el olor de la urgencia.

Mas solo consigo respirar la esencia
de unos besos amargos como el buen café
que se sorbe despacio, con mucha paciencia...

Se alarga la noche y yo muero de sed.

2017

TU NOMBRE

Allí estaba yo, solitario entre la gente,
mirando al horizonte
por encima de un mar azul
como los ojos de tu madre.
Y como un regalo, como un castigo,
alguien gritó tu nombre.
Le di las gracias, claro está,
a quien había conjurado tu figura
y eché a andar con el mar
acariciándome los pies
sonriendo, sonriendo...

1974

UNA TARDE

El silencio de la tarde y su misterio
en el cuartico de estudiante
La vieja cama y un extraño
hilo de sombra en la ventana
La luz abrumadora y secreta
de tu aguardada desnudez

2018

NO SOMOS ELLOS

La tarde gris, tus ojos negros,
el viento frío y la nostalgia
de palmas señalando el cielo
y mar azul encandilado de sol.
Y ya no fuimos aquellos.

Aquellos perviven allá,
junto a las verdes palmas y el mar azul,
en algún puerto inmune a la añoranza.
No son ellos quienes respiran
el viento frío de Nueva York.
Esos, solitarios, somos nosotros.

2018

PREHISTORIA

Desnuda de ropas y temores
El viento de la noche y mis caricias
Prehistoria quizás, pero no muere
Inmune al tiempo y al mar que se interpone
Sombra de la noche y de los cuerpos
Ajena al vacío más vacío.

2017

ESA VOZ TAN TUYA

Esa voz tan tuya
de brisa enamorada
es rumor que en el
recuerdo se despierta.
'Respiré tu olor y tu tristeza'
dijiste una mañana
ya olvidada,
tu figura enmarcada
por la puerta
'Sentía que eras tú
y te esperaba',
a mi oído susurró
tu voz ausente,
habitante dormida
en la memoria,
visitante fugaz
de mi presente

2018

NO ME ARREPIENTO

No me arrepiento de mi nostalgia,
ese río desbordado de ausencias
que tantas veces me anega el alma.
Ni pido perdón porque sea tan mía
tu belleza lejana, profunda
y tranquila como el mar en calma.
Solo me arrepiento, oh, terca soledad,
del olvido que marchita las arecas
de mi infancia, allá, donde crece la palma.

2018

EXISTIR

ESTOY SOLO EN LA CASA

Estoy solo en la casa y llueve afuera
Manhattan se dibuja allá, latente
Cesa todo, ya cesa de repente
Solo queda la mente curandera

Ahuecándome el pecho, hecho de cera
Y empapándome todo, hasta la frente
De un húmedo recuerdo persistente
Que me arrulla y me canta a su manera

Su manera es, siempre fue, un poco extraña
Cuando llega se prende a mis orejas
Murmura, me sonríe, me hace bromas

Da la vuelta y se agarra a una pestaña
Guiña un ojo y me cuenta cosas viejas.
Se va luego, mas deja sus aromas.

1974

TE VI VENIR

Te vi venir bajo el sol del mediodía
Resplandor y sombra sobre la vieja calle
Caminabas y el cielo se   encendía
Te esperaba yo, pendiente de tu talle

Llegaste hermosa, risueña pero fría
Tus ojos negros mirando hacia la calle
Yo, también risueño, aunque por dentro ardía
Recordando el fuego de tu valle

Solo fue un momento, me dijiste umbría
Hurgando en tu mochila quizás por una llave
Sí, claro, incrédulo asentía
Fugaz, pasajero, como vuela un ave

Musa, angustia, sol de mediodía
Mi pecho abierto buscaba alguna clave
Solo un momento, absurdo repetía
Fugaz, pasajero, como vuela un ave

2016

CONFESIÓN

Confieso que de Alba,
tan blanca como su nombre,
me inquietaban más las pecas
que salpicaban sus piernas
que sus grandes ojos grises

Era ella quien remaba
aquella mañana
en el barquito de ciprés
O quizás fuera su verde
trusa enchumbada
de verano y mar
Sé, eso sí, que el sol
era inmenso y ardía,
y todo olía a calor y sal

Y veo a un flaco pollo
mojado de 13 años
contemplar agradecido
los suaves vellos que Alba,
tan blanca como su nombre,
traviesa dejaba asomar
húmedos entre sus piernas
salpicadas de pecas,
mirándolo con sus
grandes ojos grises
en el barquito de ciprés

2018

SIENTO MI PECHO DERRUMBARSE

Hoy siento yo mi pecho derrumbarse
Siento que toda mi alma es tan oscura
Y siento una caverna de amargura
Que ya llega hasta mí para quedarse

Que ya llega hasta mí para quedarse
Horadando sin piedad mis ternuras
Guarecidas tras todas las   costuras
De unos huesos que están por estrujarse

Hoy creo que no puedo con mí mismo
Muy negras son las uñas de mis penas
Y la muerte se filtra por mis poros

Exudando la vida y el abismo
Ocupando cada una de mis venas
Muero-vivo el pasado en mis tesoros

1974

SIENTO MI PECHO DESBORDARSE

Hoy siento yo mi pecho desbordarse,
siento en toda mi alma esta blancura,
y siento una humedad, una dulzura
que llegan hasta mí para quedarse

Que llegan hasta mí para quedarse
penetrando hasta el fondo mi ternura
consumida por toda la locura
de unas ganas que están por derramarse

Hoy siento que no puedo con mí mismo,
muy dentro me corres por las venas
y en el cuerpo merodea la pasión

Es que sueño contigo, con tu abismo
tibio, dulce, umbrío, quitapenas
y quiero caminarte de un tirón.

1974

CIEGO Y NO DE IRA

Ciego y no de ira
Ciego y no de amor
Ciego y no de rabia
Ciego y no de horror

Apenas distingo
lo negro del blanco
cual dijera Violeta
en aquella canción

Ciego, medio ciego,
Cegato por error
Ciego, no lo niego:
Me aturde el temor.

2016

NO HAY PALABRAS

Sitiado por el mundo
se me ha secado la voz
No hay palabras en mi arsenal,
solo presentimientos
La poesía ya no es poesía sino murmullo
La vida ya no es vida sino sombra o rumor
Sitiado por el mundo
Ya no escucho mi voz

2017

EL CUENTO

Hay veces en que una voz olvidada
se cuela por debajo de la puerta
Se empina ante ti a la hora del café
Se mete a la ducha contigo
e insiste: quiero enjabonarte la espalda
Luego, coqueta, te espera en la cama
Y mientras te disputa la frazada
te hace el cuento una vez más

2017

LO AZUL NO ERA LA NIEBLA

Lo azul no era la niebla sino tus ojos
Aquella madrugada de largas despedidas
El mar, un barco y mil despojos
Quedaban en la arena nuestras vidas

Lo gris no era la Luna sino mi voz
Cubriste mis labios con tus manos
Pretendiendo sofocar algún adiós
A todo, a nada, a tus hermanos

Lo rojo no era el Sol sino tu boca
Esperando en tierra firme mi regreso
Inamovible y tenaz como una roca
Húmeda y feroz como tu beso

2017

TESTIGOS

Sembrado en un sofá, viejo árbol sin raíz
Miro el mundo pasar por la ventana
En la noche, la tarde y la mañana
Inmóvil y añorando mi país

Inmóvil y añorando mi país
Se me escapan días y semanas
Deliro y me asomo a la ventana
Y alucino un paisaje de Matisse

Alucino, es irreal y no lo quiero
La verdad es mi casa, el mar y los amigos
Todo lo que dejé aquella noche
En que me hice por siempre forastero

Volver, y de mi paz serán testigos
Mi tierra, mi casa, el mar y los amigos

2017

EL SILBATO

Hace frío en el andén resbaladizo y oscuro.
Nadie más aguarda un tren desconocido
a punto de partir hacia cualquier lugar,
el infinito quizás o el viejo pueblo
donde respiré primero.
Escucho su silbato y, precavido,
no importa el dolor, cierro los ojos
y me aprieto con fuerza las entrañas
--las empujo con mis manos cansadas.
Cae la oscuridad como un rayo
y ya no veo el andén resbaladizo y oscuro.
Me disuelvo, ¿existo?
Las horas se agolpan, tropiezan,
abro los ojos y mil rendijas luminosas perforan la noche.
Se hace distante el silbato del tren que se aleja sin mí...

2017

CAE LA NOCHE

Se descorre el telón de la memoria
y todo lo que he amado se rebela,
inconforme con ser del mar estela
o revuelta polvareda de mi historia

Revuelta polvareda de mi historia
que el viento de los años casi vuela
y atrás de mis parpados se cuela
huyendo de la esquela mortuoria

Se rebela la historia de lo amado,
estalla feroz en mi inconsciente
y ocupa territorio cual soldado

indómito y brutal, aunque inocente
en guerra frontal contra un pasado
que se niega a ceder ante el presente

2018

LA VISITA

La muerte me visitó en la noche.
Su roce tibio como una caricia
y urgente como una advertencia
gentilmente me despertó a las tres

No hubo miedo, no era la primera vez
que ella prorrogaba mi licencia
y juguetona me daba la noticia:
'Quizás mañana abordarás mi coche'

2018

POR SI MUERO MAÑANA

Por si muero mañana
Lo escribo en el muro de los sueños:
Sepan todos que nunca tuve dueños
En Nueva York, San Juan, Miami ni La Habana

Paso lista de todos mis errores
Son muchos, es verdad, pero no hay odios
Mi vida en sus muchos episodios
Poco se detuvo en los rencores

Amores tuve de múltiples sabores
Alumbraron con su luz hogar y lecho
Triunfó mi soledad, mas sin despecho
Y aún estallan delirios y rumores

Volver al suelo, tierra cubana
Extranjero soy y ella me llama
Sepan todos que Cuba me reclama
Por si muero mañana

2016

Made in the USA
Coppell, TX
11 July 2021